BEI GRIN MACHT SICH IHR WISSEN BEZAHLT

- Wir veröffentlichen Ihre Hausarbeit,
  Bachelor- und Masterarbeit

- Ihr eigenes eBook und Buch -
  weltweit in allen wichtigen Shops

- Verdienen Sie an jedem Verkauf

Jetzt bei www.GRIN.com hochladen
und kostenlos publizieren

Marco Nadorp

Exkursionsbericht "Neue Stadtentwicklung Essen"

GRIN Verlag

Bibliografische Information der Deutschen Nationalbibliothek:

Die Deutsche Bibliothek verzeichnet diese Publikation in der Deutschen National-
bibliografie; detaillierte bibliografische Daten sind im Internet über http://dnb.d-
nb.de/ abrufbar.

Impressum:

Copyright © 2013 GRIN Verlag GmbH
Druck und Bindung: Books on Demand GmbH, Norderstedt Germany
ISBN: 978-3-656-57494-1

Dieses Buch bei GRIN:

http://www.grin.com/de/e-book/263524/exkursionsbericht-neue-stadtentwicklung-
essen

GRIN - Your knowledge has value

Der GRIN Verlag publiziert seit 1998 wissenschaftliche Arbeiten von Studenten, Hochschullehrern und anderen Akademikern als eBook und gedrucktes Buch. Die Verlagswebsite www.grin.com ist die ideale Plattform zur Veröffentlichung von Hausarbeiten, Abschlussarbeiten, wissenschaftlichen Aufsätzen, Dissertationen und Fachbüchern.

Besuchen Sie uns im Internet:

http://www.grin.com/

http://www.facebook.com/grincom

http://www.twitter.com/grin_com

Die Exkursion „Neue Stadtentwicklung in Essen" lässt sich unter geographischen Gesichtspunkten in Handels- und Siedlungsgeographie unterteilen. Das Untersuchungsgebiet liegt zwischen der Universität und dem Flachsmarkt in der Essener City. Die Siedlungs- und Handelsforschung rücken zusammen, sodass eine isolierte Analyse nicht zielführend ist. Die Verwebung und die gegenseitige Beeinflussung durch neue Entwicklungen soll deutlich gemacht werden.

Siedlungsgeographie – Stadt allgemein
Eine Stadt lässt sich auf verschieden Arten definieren. Eine Möglichkeit ist die Definition nach Einwohnerzahl, im Mittelalter lag die Besonderheit einer Stadt beispielsweise darin, dass sie Stadtrechte vom Herrscher verliehen bekommen hat und meist eine Stadtbefestigung vorhanden war. Häufig bildeten sich Städte an Kreuzungen wichtiger Handelswege. Ein Beispiel dafür ist die Stadt Essen, die heute als Oberzentrum deklariert wird. Ein Oberzentrum ist in Anlehnung an die theoretische Verteilung der Städte nach dem Modell von Walter Christaller ein Ort in einer flachen Ebene, der von Mittelzentren umgeben ist, diese wiederum von Unterzentren umgeben sind. Die genauen Definitionsgrundlagen variieren, wobei innerhalb der Ober-, Mittel- und Unterzentren differenziert wird. Es muss festgehalten werden, dass dieses Modell ein Idealmodell ist, das vermutlich in der Realität nicht in dieser Form auffindbar ist. Insbesondere zeichnen sich Oberzentren jedoch dadurch aus, dass sie eine bessere Infrastruktur und ein breiteres Kulturangebot bieten können. Die Stadt Essen als Oberzentrum ist beispielsweise Verwaltungssitz des Regionalverbandes Ruhr (RVR) und hat einen Anteil der Beschäftigten im Dienstleitungssektor von ca. 80%.

Siedlungsgeographie – Neue Stadtentwicklung „Universitätsviertel"
Das Universitätsviertel oder auch die „grüne Mitte Essen" ist das Gebiet, das westlich durch die Segerothstraße, nördlich durch die Universität, östlich durch die Gladbecker Straße und südlich durch die Friedrich-Ebert-Straße begrenzt ist. Ein Areal, das bis vor fünf Jahren ein unansehnlicher Fleck zwischen Innenstadt und Universität war. Die Deutsche Bahn und die Stadt Essen hatten die Eigentumsrechte des Grundstücks. Der nördliche Teil war mit einem Güterbahnhof bebaut.

Die Freifläche zwischen Universität und City, die nicht genutzt wurde, führte in der Bevölkerung dazu, dass keine Identifikation der Einwohner mit der Universität stattfindet. Die Identifikation mit der Universität und damit auch mit der Stadt ist heutzutage wichtig, um einer Entvölkerung der Städte zu begegnen. Auch aus diesem Grund hatte die Stadtverwaltung ein großes Interesse daran, die Fläche nachhaltig zu entwickeln.

Das Projekt „Universitätsviertel" wurde durch die Entwicklungsgesellschaft Universitätsviertel Essen mbH in Zusammenarbeit von vier Gesellschaftern ermöglicht: die Altstadt Baugesellschaft, die Essener Wirtschafts-förderungsgesellschaft, die Sparkasse Essen sowie die NRW Urban. Gemeinsam haben sie sich das Ziel gesetzt, attraktiven und hochwertigen Wohnraum zu schaffen, der sowohl als Mietraum als auch als Wohnraum zum Kauf angeboten wird. Bezieht man das unmittelbare Umfeld mit ein, wird die Brisanz des Vorhabens deutlich: die Mieten liegen mit 7 bis 10 Euro deutlich über den ortsüblichen Mieten. Der Quadratmeterpreis beim Kauf einer Wohnung beläuft sich auf ca. 3000 Euro. Das Niveau ist sehr hoch angesetzt, wird jedoch durch verschiedene Gegebenheiten begründet. Seit einigen Jahren ist die Entwicklung festzustellen, dass eine Deurbanisierung – also das Zurückziehen in die Innenstädte – stattfindet. Zudem verläuft im Zentrum des Universitätsviertel beispielsweise eine Grünfläche mit einer künstlich angelegten Wasserstraße, die eine höhere Wohnqualität verspricht.

Durch den Bebauungsplan wird den Investoren vorgeschrieben, die Gebäude auf eine maximale Geschosshöhe von vier Etagen zu bauen. Dies soll zu einer einheitlichen Entwicklung der Wohngebäude führen.

Das Areal wird neben der Wohnbebauung mit Büros und zu einem geringen Anteil mit Gastronomieangeboten genutzt. Die AOK hat einen langfristigen Mietvertrag für ein Gebäude abgeschlossen, die WAZ wird ihren Hauptsitz an die Segerothstraße verlegen. Zusammengenommen wirbt die Projektgesellschaft damit, ein „hochwertiges, lebendiges, urbanes und grünes Viertel zum Wohnen, Arbeiten und Erholen" zu realisieren.

Handelsgeographie – IKEA

Das heutige Gelände des Einrichtungskonzerns IKEA ist Teil des früheren Areals der Kruppstadt. IKEA hat sich nach dem Krieg verpflichtet, unter Denkmalschutz stehende Gebäude weiter zu nutzen. Das ehemalige Walzwerk beherbergt heute das

Parkhaus. Zudem musste eine große Brachfläche nach dem Krieg entwickelt werden, sodass sich IKEA mit dem hauptsächlich episodischen, aber auch partiell innenstadtrelevanten Sortiment nah an die Essener City ansiedeln durfte. Heute wird der durch IKEA ausgelöste Agglomerationseffekt in der Umgebung deutlich. Neben Kröger und Conrad hat sich auch PIERRE CARDIN MÖBEL angesiedelt.

Handelsgeographie – Limbecker Platz

Der Limbecker Platz in Essen befindet sich im nordwestlichen Bereich der Innenstadt und ist eines der größten innerstädtischen Einkaufszentren (EKZ) Europas. Es ist direkt an die Einkaufsstraße „Limbecker Straße" angebunden und an einem Essener Traditionsstandort gelegen. Auf 3 Verkaufsebenen werden auf einer Verkaufsfläche von 70.000 m² Waren des täglichen, periodischen und episodischen Bedarfs verkauft. In einem Radius von 30 Fahrminuten wohnen ca. 2 Millionen Menschen. Durchschnittlich 50.000 Besucher pro Tag zählt das EKZ. An den sogenannten „hot days" sind dies bis zu 150.000 Besucher. Der Altersschnitt der Besucher des EKZ liegt bei 20-40 Jahren.

In der Planung des EKZ wurde besonderer Wert darauf gelegt, die Orientierung der Besucher zu erleichtern. Dies wurde durch den Aufbau der Gänge in quadratischer Form mit Rotunden in den Ecken realisiert, die verschieden gestaltet sind. Um eine Akzeptanz und Eindruck in der Bevölkerung zu schaffen wurde eine individuelle und markante Fassade geschaffen, die an ein schwingendes Kleid erinnern soll.

Da die Kundschaft langfristig gebunden werden soll, ist es notwendig, behutsam Innovationen einzuführen, die häufig vorher getestet werden. Zurzeit werden verschiedene Orientierungshilfen getestet, wie zum Beispiel das 3D-Wege-Leitsystem oder der „mall avatar".

Das Image eines EKZ ist von zentraler Bedeutung. Die verlängerte Öffnungszeit des EKZ an jedem ersten Freitag eines Monats wird als Chance wahrgenommen, einen Imagegewinn durch entspanntes Einkaufen zu erzielen.

Handelsgeographie – Auswirkungen des Limbecker Platzes

Der Limbecker Platz als großer Besuchermagnet hat zu einer Veränderung der alten Strukturen der Essener Einkaufsstraßen geführt. Mittlerweile haben sich die Besucherströme stark verändert: die Passantenanzahl der Limbecker Straße liegt jetzt über der Zahl der Besucher in der Kettwiger Straße. Dementsprechend hat sich auch die Struktur der Limbecker Straße verändert, die von der Ansiedlung des EKZ profitiert hat.

Die Passantenführung in der Essener Innenstadt führt zu einer Inakzeptanz der Bevölkerung, sodass abgelegene Lagen frequenzarm sind.

Eine positive Entwicklung der Essener Einkaufsstraßen liegt auch im Interesse des Center Managements des Limbecker Platzes. Die Ansiedlung von Primark als zusätzlicher Magnet schwächt das EKZ nicht, sondern stärkt Essen als Einkaufsstadt.

Wäre das Universitätsviertel in der heute geplanten Weise realisierbar gewesen, ohne eine Aufwertung des nordwestlichen Bereichs der Innenstadt durch die Ansiedlung des Limbecker Platzes? Vermutlich wäre kein hochwertiger Wohnraum realisierbar gewesen.

Die Mischung des Universitätsviertels mit Wohnraum und Dienstleistungsunternehmen wird vermutlich zu einer veränderten Entwicklung des Angebots im EKZ Limbecker Platz führen. Die unmittelbare Nähe des Limbecker Platzes könnte zu einer verstärkten Nachfrage im Bereich des Gastronomieangebots in der Mittagszeit führen.